Michael Reuschenbach

Blattwerk
Blattformen im floristischen Alltag

Foliage
Foliage design in every day floristry

Michael Reuschenbach

Blattwerk

Blattformen im floristischen Alltag

Foliage

Foliage design in every day floristry

1989
Appel-Druck Donau-Verlag GmbH
Günzburg

ISBN 3-87170-038-X

Texte, Zeichnungen und
floristische Arbeiten:
Michael Reuschenbach, Mainz

Fotos:
Reiner Wierick, Mainz
Redaktion „florist"
Reiner Haebler, Karlsruhe

Translated by:
Ute Schnetzinger AIFD, TMF
and
James L. Johnson, AAF, AIFD, TMF,
Texas A&M University

Umschlag und Layout:
graphik-design Lichtblau
D-8876 Jettingen-Scheppach

Satz und Druck:
Appel-Druck Donau-Verlag GmbH
D-8870 Günzburg

Buchbinderei:
Norbert Klotz
D-8876 Jettingen-Scheppach

Das vorliegende Buch hat die Aufgabe, durch die Abbildung von floristischen Werkstücken und die begleitenden Texte einen Gedanken nahezubringen und fortzutragen:
Die Verwendung von „Blattwerk" – wie es sich in der Praxis darstellt.
Floristisches Beiwerk, vor allem die Vielfalt der Blattformen, ihrer Farbnuancen und Oberflächen, hat durch die kontinuierliche Weiterentwicklung innerhalb unseres Berufes einen hohen positiven Stellenwert erhalten.
Kurzlebige Neuerungen haben manches vergessen lassen.
Althergebrachtes wird neu interpretiert in diesem Buch dargestellt.
Praxisbezogene Möglichkeiten sollen Gedankenstütze sein; dabei ist es unerheblich, ob sie zu diesem Zeitpunkt alle dem neuesten Trend unterliegen. Ein Umdenken zur eigenen Gegebenheit und Notwendigkeit sollte dem Floristen keine besondere Schwierigkeit bereiten.
Die gezeigten Arbeiten sollen einen Querschnitt aus dem großen Katalog der Möglichkeiten darstellen, um bei Bedarf und Gegebenheit eine oder mehrere Seiten aufzuschlagen.
Der Kunde erwartet im Fachgeschäft die Lösung seines Problems – auch vom Floristen. Das sollte uns daran erinnern, möglichst oft und möglichst viele Seiten dieses Fachbuches zu Rate zu ziehen, um immer neue Anregungen zu suchen und zu finden. Ideen und Gedanken sind relativ, jeder kann sie nur für sich beurteilen.
Dieses Buch zeigt meine Art, das Blatt mit seinen vielseitigen Formen zu sehen und einzusetzen.
Es ist mit Sicherheit nur ein Bruchteil der vielen Möglichkeiten, die sich dem Floristen bieten.

Michael Reuschenbach

The purpose of this book, through pictures of floral designs and their accompanying text, is to approach and develop a thought:
the use of foliages in every day floristry.
Through continuing education in our profession, floral accessories, (in this case) the great variety of leaf shapes, hues, and textures, have gained great interest and importance.
Concentration on fads has let us forget many things.
This book shows traditional materials with new interpretations. These ideas for every day should be a creative help, but it is not important (at this time) that only the newest trends are shown. It would not be difficult for florists to come up with their own ideas.
The designs in this book represent examples of many possibilities, and since our customers expect new ideas from us to solve their problems, we should use this reference book often.
Ideas and thought are relative. Everyone has his own opinion. This book shows my style: how I see and use many different foliages in various designs. Surely this is only a fraction of the many ideas available to the florist.

Michael Reuschenbach

Das Blatt – botanisch

Neben den rein gestalterischen Gesichtspunkten sind zum besseren Verständnis auch morphologische, ökologische sowie physiologische Aspekte von Wichtigkeit. Sie erklären pflanzenspezifisch Reaktionen und Veränderungen durch innere und äußere Einflüsse. Vor allem aber stellen sie das Lebewesen „Pflanze" in den Vordergrund und geben uns allen den Denkanstoß, etwas sensibel und sorgsamer mit pflanzlichen Teilen umzugehen, sie bewußter einzusetzen.

Aufgabe

Assimilation	=	Umwandlung der aufgenommenen Nährstoffe zu körpereigenen Stoffen und Einbau in den Körper.
Dissimilation	=	chem. Abbau der Nahrungsmittel unter Gewinnung von Energie.
Photosynthese	=	Umwandlung von Kohlendioxyd und Wasser in Glucose unter Einfluß von Licht und Wärme.

Oberfläche

Bereift, behaart, rauh, glatt.

Oft paßt sich die Blattoberfläche der Umgebung an. Sie bietet zusammen mit der Brennreizung der Bereifung Schutz vor Tierfraß. Behaarung schützt vor intensiven Witterungseinflüssen, bindet aber auch Wassertropfen (Tropophyten).

Farbe

Einfarbig, panachiert, intensiv, verhaltend.

Ein Lockmittel vor allem für Insekten ist neben den Duftstoffen die Farbe. Durch höheren Chlorophyllanteil haben einfarbig grüne Blätter geringeren Lichtanspruch. Panachierte Blätter verfügen über geringeren Chlorophyllanteil und stellen höhere Ansprüche ans Licht.

The leaf – botanical

Next to design, the understanding of the morphological, ecological and psychological aspects of the plant is important.
This knowledge explains specific reactions and changes in the plant through interior and exterior influences. Most of all it places the "living plant" in the foreground, and reminds us all to handle and use plant material with more sensitivity and care.

Lesson

Assimilation:	Nutrients are absorbed into the plant body so that growth may take place.
Dissimilation:	Chemical decomposition of the nutrients through the use of energy (respiration).
Photosynthesis:	Process of combining carbon dioxide and water into glucose under the influence of light and heat.

Surface textures

Covered with hoar frost, hairy, rough, smooth. The surface texture often changes with the surroundings. The burning sensation of the hoar frost offers protection from animals. Hairiness protects against harsh weather conditions, yet holds water (Tropophytes).

Colors

Solid, variegated, intense, subdued.

Color next to fragrance is a lure, especially for insects.
Solid green foliage needs less light because it contains more Chlorophyll. Variegated leaves have less Chlorophyll, therefore they need more light.
Subdued color is often visible in the new growth. The color is also adapted to the surroundings.

Verhaltende Farbigkeit zeigt sich oft in Jungtrieben.
Auch über die Farbe erfolgt ein Anpassen ans Umfeld.

Stofflichkeit

Fleischig, ledrig, flauschig, transparent.

Das Wasserspeichern in fleischigen Blättern hilft vor allem Xerophyten über längere Trockenphasen. Verschiedene Wasserpflanzen verfügen im fleischigen Blatt über grobe Leitbahnen zur Regulierung des Wasserhaushaltes und der Schwimmfähigkeit.
Bei ledrigen Blättern ermöglicht das nachgebende Beugen Schutz vor Wind und Sturm. Verdickte Kutikula und Epidermis bieten Schutz vor intensiver Sonnenbestrahlung und stabilisieren.
Flauschige Stofflichkeit bindet Regentropfen oder Tau.

Stellungen/Bewegungen

Gedreht, gestielt, ansitzend, klammernd, lösend.

Blattstellungen bzw. Bewegungen sind zum Teil abhängig von inneren bzw. äußeren Reizen.

Die Pflanze reagiert:
- in Richtungsbezug auf den auslösenden Reiz (Tropismus)
  (Reizquelle Licht = Phototropismus)
  (Reizquelle Erdmitte = Geotropismus)
- durch Organaufbau bedingt immer in gleicher Richtung ohne direkten Bezug zum Reiz (Nastien)
- durch Außenfaktoren = Taxien, zum Beispiel Mimose
- durch einseitige Berührung = Thigmotropismus (Ranken).

Blattrand

Ganzrandig, gezähnt, gesägt, gekerbt.

Der Blattrand ist artenspezifisch und liegt fest in der genetischen Anlage.
Der Blattrand dient der Einordnung zur Nomenklatur (Verwandtschaftsforschung) und Taxanomie (Benennung und Beschreibung der Arten).

Textures

Fleshy, leathery, fluffy, transparent.

The water reservoir in fleshy leaves protects especially Xerophytes in dry periods. Various water plants have large veins throughout their fleshy leaves to regulate their water reservoir and their floating capability.
The flexibility of leathery foliages allows protection from wind and storm.
Thick cuticle and epidermis protect from the strong sun rays. Fluffy textures hold raindrops or dew.

Positions / Movements

Twisted, on a stem, without a stem, clinging, detached.

Leaf positions or movements are genetically coded to respond to interior and exterior stimuli.

Plant Reactions:
- Growth in the direction of the attraction (tropism)
  (source of attraction: light = Phototropism)
  (source of attraction: earth = Geotropism)
- through organ structure the reaction is always predictable in the same direction without influence by other external stimuli (Nastic).
- through outside influences = Tactic, for instance Mimosa
- through touching = Thigmotropism (vines)

Leaf margins ...

Entire, dentate, serrate, crenate.

The leaf margin is specific depending on the species, and it is true to its genetics.
The leaf margin is factor in determining the order of classification in plant nomenclature and taxonomy.

Leaf venation

Veins transport water and nutrients and serve to stabilize the leaf.

Blattader/Nervatur

Blattadern transportieren Wasser und Nährstoffe und dienen der Stabilisierung der Blätter.

Blattspreite

Die Morphologie bestimmt die Spreite des Blattes
- Xerophyten (trockener Standort) können ihre Blattfläche verkleinern, können ihre Blattfläche umwandeln in Blattschuppen, können ihre Blattfläche verdicken.
- Hygrophyten (feuchter Standort). Vergrößerung der Blattfläche durch aktive Haare. Pflanzentypisch große Blattfläche.
- Hydrophyten (Wasserpflanzen) haben große schwammige Blätter, die der Schwimmfähigkeit dienen.
- Tropophyten (verschiedene Klimate, wechselnde Bedingungen), zum Teil Blattveränderungen als Blattranken (Gloriosa) oder Schuppenblätter (Platycerium).

Blattveränderungen

Werden auch Metamorphosen genannt, kommen in allen Pflanzenbereichen vor.
- Blattdorn, zum Beispiel Stachelbeere
- Blattranke, zum Beispiel Gloriosa
- Hochblatt, zum Beispiel Sparta bei verschiedenen Araceaen, zum Beispiel Brakteen bei verschiedenen Euphorbien.
- Niederblatt, Bedeutung als Knospenschuppen.
- Kannenbildung bei verschiedenen Canivoren.

Leaf shapes

Morphology determines the shape of the leaf.
- Xerophytes (dry location) can make leaf surfaces smaller, change leaf surfaces into leaf scales, and thicken the leaf surface.
- Hygrophytes (moist location) enlargement of the leaf surface, through active hair. Typical large leaf surface.
- Hydrophytes (water plants) have large sponge like leaves that help them to float.
- Tropophytes (deciduous plants – various climates, changing conditions), deciduous plants of temperate climate that drop their leaves in winter, and of the tropics which are without leaves during the dry season.

Leaf modifications

Also called metamorphosis, occur in all plant environments.
- leaf thorn, (Gooseberry)
- leaf vine, (Gloriosa),
- bract, (sparta in various Aracea, bracts in various Euphorbia.)
- stipule
- jug formation in various carnivorous plants

Blattspreite / Leaf Shapes

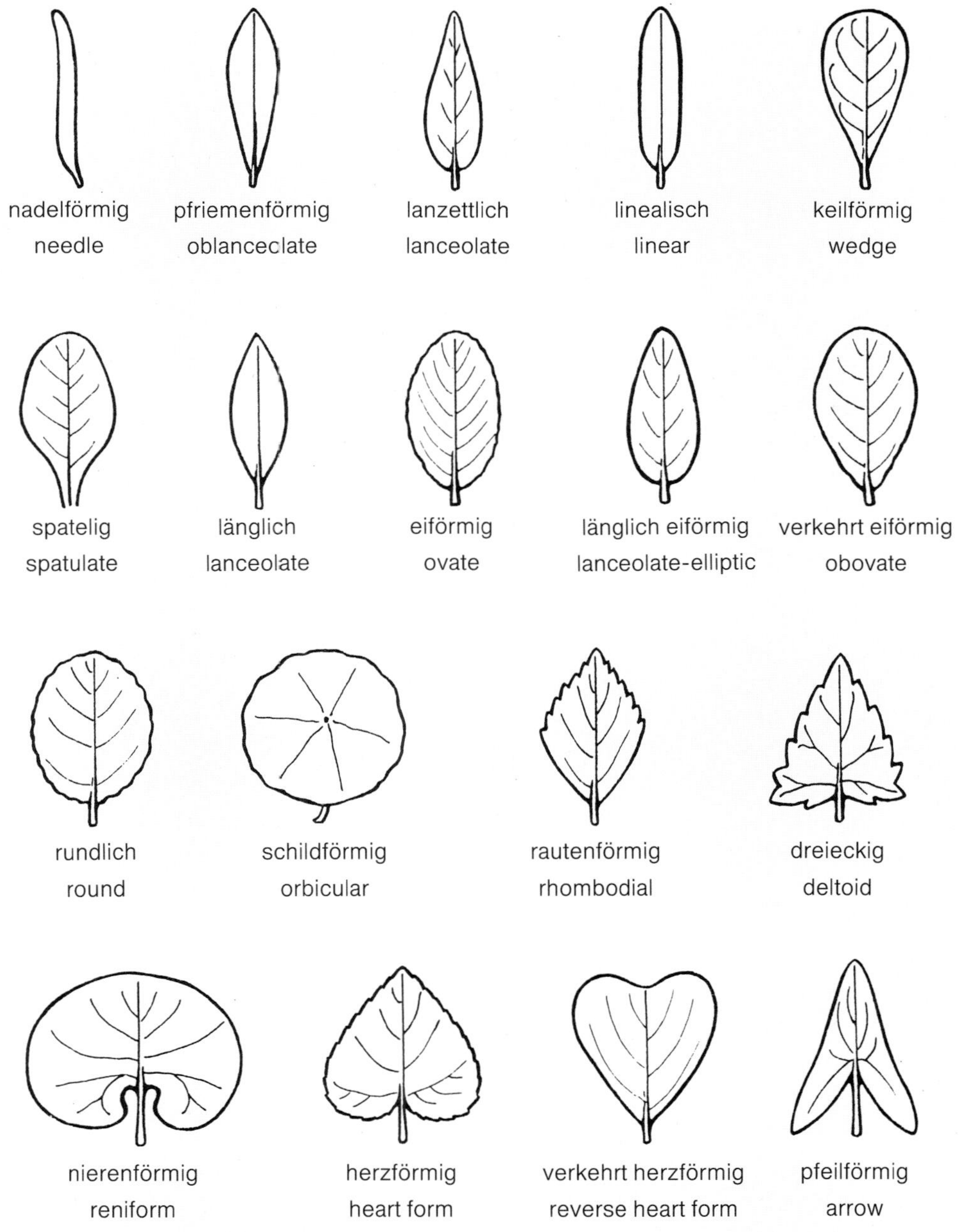

Blattspreite / Leaf Shapes

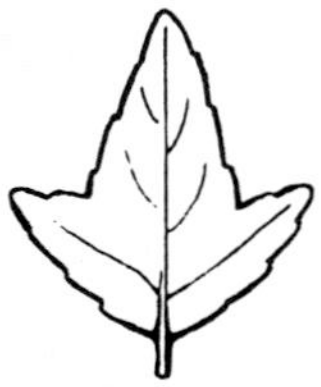

spießförmig

spear

handförmig gelappt

palmate

dreizählig

tri foliate

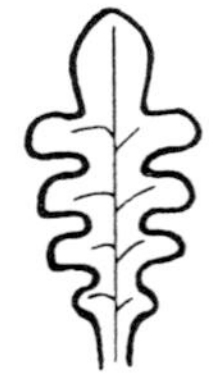

fiederschnittig/
schrotsägeförmig

feather sawtooth

handförmig

hand form

fußförmig

foot form

gefingert

finger form

gefiedert

digitately lobed

unpaarig gefiedert

uneven pinnate

unpaarig gefiedert mit Ranke

uneven pinnate with tendrils

paarig gefiedert

parallel pinnate

paarig gefiedert mit Spitzchen

parallel pinnate with tip

Nebenblätter mit Ranke

side leaves with tendrils

Blattrand / Leaf Margins

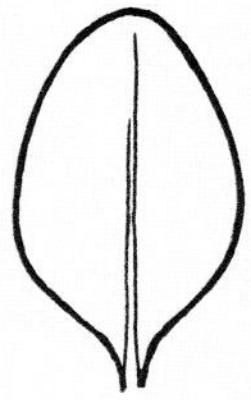
ganzrandig
entire

gesägt
serrate

doppelt gesägt
double serrate

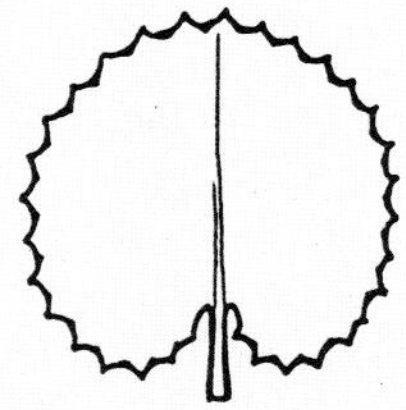
gezähnt
dentate

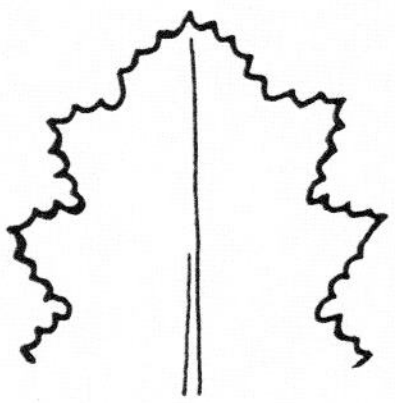
gesägt-gezähnt
serrate dentate

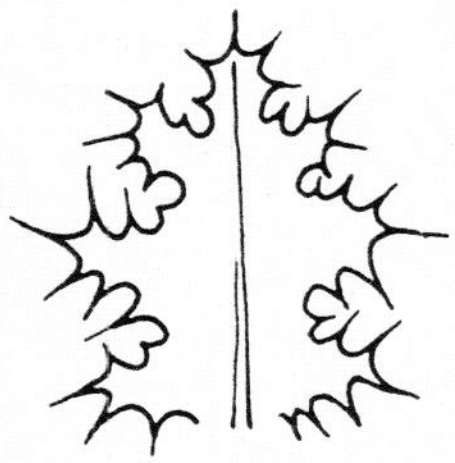
dornig gezähnt
prickly dentate

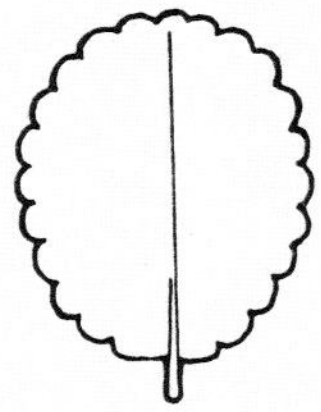
gekerbt
crenate

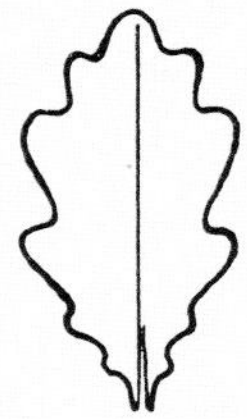
gebuchtet
lobed

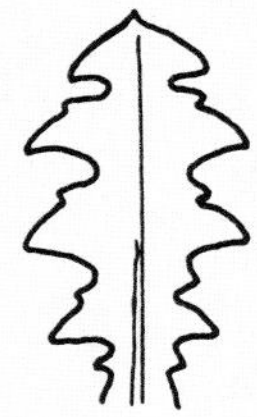
schrotsäge-randig
sawtoothed

Nervatur / Venation

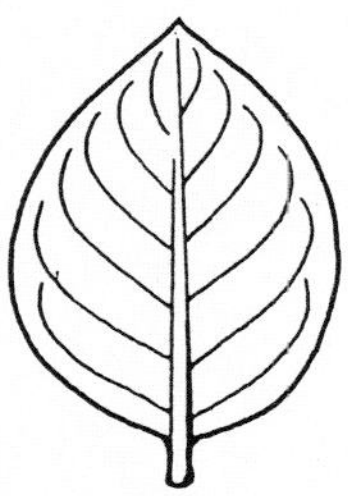
fiedernervig
feather

netznervig
network

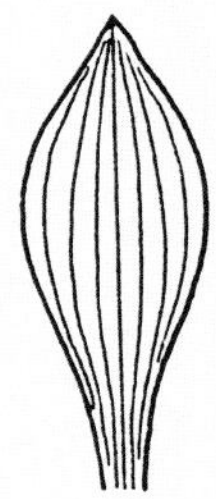
parallelnervig
parallel

Das Blatt – gestalterisch

Oberfläche / Stofflichkeit

Zusammen mit der Oberfläche kann die Stofflichkeit als Bezugskriterium Werkstoffe untereinander verbinden oder trennen. Pflanzliches und Anorganisches können sich hierdurch annähern. Blattkonturen stehen, entsprechend ihrer Stofflichkeit bzw. Oberfläche, hart oder weich.

Farbe

Die Farbe erklärt zusammen mit allen anderen Kriterien die optische Gewichtigkeit des Blattes. Sie beeinflußt aber auch die Aussage der Blattform durch Panachierung oder farbige Nervatur zur Ruhe/Unruhe oder Passivität/Aktivität.

Blattstellungen/-Neigungen

Ansitzend an der Basis, verleiht eine Blattform Ruhe und Klarheit. Gestielt jedoch findet sie zu größerer eigener Aussage. Sich zueinander orientieren heißt, zur Geschlossenheit finden; lösen symbolisiert die Suche nach Spielraum zur Eigenständigkeit. Sensibles Ändern eines Neigungswinkels verleiht mehr Natürlichkeit, läßt Aktives oder Passives Umkehrung erfahren. Harte Blattstellung wirkt gekünstelt, gestylt, konstruiert.

Blattrand

Der Blattrand prägt die Klarheit in der Aussage der Form.

Größe

Die Größe bestimmt neben dem optischen Gewicht vor allem den Geltungsanspruch bzw. die Dominanz der Blattform.

Blattspreite

Die äußere Form bestimmt primär die gestalterische Aussage des Blattes. Runde und rundliche Umrisse bringen als Abgeschlossenheit sammelnde, lagernde bzw. passive Elemente ein. Längliche oder langgezogene

The leaf – in design

Surface / Texture

The surface and texture of materials can divide or unify.
Plant and other materials can harmonize with each other. Leaf contours appear hard or soft depending on their texture.

Color

Together with all other criteria, the color determines the visual weight of the leaf. Color influences the expression of the leaf shape through variegation and colorful venation creating calmness or turbulent pattern – passivity or activity.

Leaf Position/Direction

A leaf without a stem conveys simplicity and clarity. On a stem however, the leaf displays more personality. Close relationship to each other means to form a unit, while open relationship symbolizes the search for space to gain personality.
A slight modification of the angle of inclination lends a more natural appearance, and lets the active or passive effect of the leaf undergo change. Stark leaf posture appears artificial, styled and constructed.

Leaf margin

The leaf margin expresses with clarity, the shape of the leaf.

Size

Next to the visual weight, the size determines the dominance of the leaf form.

Shape

The outline determines primarily the design expression of the leaf. Plain and rounded contours provide weight, mass, calm, and passive elements. Oblong or elongated shapes however, are active in suggesting and emphasizing direction.

Spreiten hingegen aktivieren in ihrer richtungweisenden Form zum Weiterempfinden des Angedeuteten.
Gelappte, hand- oder fingerförmige Blattformen fügen sich gedanklich nahtlos aus kleineren Teilen zu einer starken Aussage und lassen höheren Geltungsanspruch erwarten.
Gefiedert Zusammengesetztes hat weniger Formklarheit. Einzelne Blätter weisen eine geschlossene Form auf, die Gesamtheit hingegen ist ein natürliches Aneinanderreihen, das dekorativen Charakter hat.

Blütenblatt-Blattblüte

Blattveränderungen als Metamorphosen haben auch unter gestalterischen Gesichtspunkten Bedeutung.
Das Vergrünen einer Spathiphyllumblüte oder Hydrangea läßt Blüten und Blatteindruck ineinander verschmelzen. Aus einem Blatt entwickelt sich eine Kannenform.
Somit läßt sich ein gleichgestellter Geltungsanspruch natürlich erklären.

Natürliche Konstruktion – konstruierte Natürlichkeit

Natürlich reihen sich Blattformen zu einem neuen Ganzen an- bzw. ineinander. Ranken, Rosetten, Wedel, büschelig oder quirlständig, geschuppt oder freistehend; Einzelteile erhalten einen anderen Gesamteindruck (zum Beispiel Aeonium, aufrechtwachsender Efeu, Kiefer, Hoja). Greift man diese natürliche Konstruktion als Idee auf, läßt sich damit auch eine Blattschichtung oder Massierung kleinerer Blätter zu Blattgruppen als konstruiertes Gesamtes erklären.

Natürliche Veränderung – veränderte Natürlichkeit

Der Eintrocknungsprozeß entzieht dem Blatt Wasser. Dadurch können sich Umriß, Dicke und Form zum Teil sehr stark verändern (zum Beispiel Strelitzienblatt). Daneben kann auch ein gerolltes oder getütetes Blatt als veränderte Natürlichkeit Daseinsberechtigung haben. Die Verfremdung eines Werkstoffes muß nicht negativen Einfluß ausüben, vielmehr kann Unscheinbares dadurch auch aktiviert werden.

Palmate or finger like leaf forms join small pieces together into a strong expression that command dominance.
Compound leaves have less clarity of form. The individual leaflets (of a compound leaf) show a closed form; the whole however, is a natural row, having decorative character.

Blossom leaf – leaf blossom

The metamorphoses of flower and leaf changes are important in design. For example the greening of a Spathiphyllum blossom or Hydrangea lets flower and leaf appearance melt together. Also a leaf that changes its shape by developing into a funnel (flower shape) gains importance equal to that of a flower.

Nature's Design / Designing Nature

Leaves form natural rows to become a new unit.
Vines, rosettes, and fronds, bushy or spiralling, reclining or free standing, each give a different look (for instance Aeonium, upright growing Ivy, Pine, Hoya). When these natural growth patterns are studied and used as a guideline, it is then possible to create designs that emulate nature.

Natural change – Changed nature

The drying process removes water from the leaf, therefore, its size, thickness and form can change drastically (for instance Strelitzia leaf). A rolled or funnel-like leaf with its natural changes can still have the right to exist. The change of a material does not have to exert a negative influence, even the smallest things can become visually important.

Das Blatt im Rahmen der Gestaltungsrichtungen/ Varianten

Dekorativ

Im Rahmen üppiger, rhythmisch gestaffelter Fülle ordnet sich das Blatt einer Gesamtgestalt unter. Die Natürlichkeit und das Wuchsstreben werden nicht primär beachtet. Werkstoffgerecht jedoch, also im Sinne bewegungsorientierter Abläufe, sollte die einzelne Blüte/Blattform eingesetzt werden. Freiere dekorative Anordnungen, zum Beispiel fließende Arbeiten, können durch ihre in sich asymmetrisch unregelmäßige Anordnung der einzelnen Blattform mehr Freiraum eröffnen. Hier ist auch ein freistehendes Blatt oder eine große Blattfläche, dominant eingesetzt, möglich.
Der Gesamteindruck jedoch muß durch Ausgewogenheit erhalten bleiben, darf durch zu starke Einzelformgebung nicht geschmälert werden.

Vegetativ

Die natürliche Wuchshaltung und unveränderte Gestalt zeigt das Blatt hier als Ausschnitt aus seiner natürlichen Umgebung, wie gewachsen so verarbeitet.
Ein identisches Übernehmen der Gegebenheiten unter Berücksichtigung pflanzenökologischer Aspekte wird angestrebt.

Formal-linear

Die Pflanzenteile werden abstrahiert als Form, Fläche oder Linie dargestellt. Die Wuchsbewegung und Natürlichkeit muß nicht primär berücksichtigt werden. Kontrastreich in der Werkstoffauswahl stellt sich die formal-lineare Gestaltung dar, in der jedes Blatt (Blüte) gezielt und plaziert eingesetzt wird und so zu optimalem Geltungsanspruch gelangt.

The leaf in view of design styles / variations

Decorative

In the decorative style the importance of individual leaves and flowers is subordinate to the visual impression of the abundance of rhythmically staggered materials. Natural habits and growth patterns are not of primary consideration. The integrity of each individual blossom and leaf shape should however, be maintained. Through asymmetrical and irregular placements, in the more airy, decorative designs (for instance, flowing bouquets), the individual material can have more space. It is even possible to give a freestanding or very large leaf a dominant position. However, the overall impression has to be decorative, and can't be compromised through placement of strong individual forms.

Vegetative

In this design style the natural growth patterns and orientations of the leaf must be portrayed as it is found in its natural environment. The effort is made to duplicate reality, and consideration of the ecological aspects is strived for.

Formal-linear

In this design style the plant materials are portrayed through an abstracted form, surface or line. The growth movement and natural look is not a primary consideration. The formal-linear design displays strong contrasting materials in which each leaf (blossom), is specifically placed to assure its maximum visual importance.

Parallel

Horizontal, vertikal oder diagonal angeordnet, sich jedoch einer strengen Geradlinigkeit eingliedernd, steht der Werkstoff nebeneinander. Nur Gestieltes kann Parallelität zeigen. Blattformen können sich dominant darstellen, vorausgesetzt, sie gliedern sich in ein strenges, konsequentes Nebeneinander ein.

Parallel

The materials are displayed next to each other in horizontal, vertical or diagonal placements, incorporated into strict rectilinear lines. Only stemmed materials can display parallelism. Leaves can show their dominant form as long as they conform to a strict, consistent coexistence.

Corsage

Als Körperschmuck übernimmt der Anstekker die Aufgabe, sich der Kleidung stofflich und formal anzupassen.
Flach aufliegende Blätter bringen Verbindung, indirekt aufwärts zeigende Blattformen eröffnen in drei Dimensionen. Wie nahe der Ausdruck von Blatt und Blüte einander sind, zeigt hier die Einzelblume der Tellerhortensie gegenüber anderem Werkstoff.
Durch die asymmetrische Anordnung wird sichtbar, daß die typische Dreiecksform durch die Gegensätze Freistellen und Zusammenfassen, glänzend und matt, rund und länglich, ihren Reiz erhält.

Corsage

As personal decoration, the corsage has the job to compliment the garment in texture and design.
Flat laying foliages provide the transition. Upward directed leaves are opening in three dimensions. The single Hydrangea blossom shows the close relationship between leaf and blossom against the other materials.
Through asymmetrical placements it becomes visible that the typical triangular form gains charm through the contrast of space and mass, shiny and matte, round and oblong.

Stachys byzantina
Pittosporum tobira
Ruscus hypoglossum
Aeonium arboreum 'Atropurpureum'
Asparagus myriocladus

Dreiecksdimensionen

Eine Dreiecksvase als Idee und Ausgangspunkt für eine lose Anordnung, vereint in ihrer geometrischen Grundform die drei Dimensionen.
Drei Blätter der Calla nehmen die Dreiecksform floral auf und setzen in ihrer aktiven Stellung zueinander überhöht den Grundgedanken fort.
Durch strenge exakte Linienführung erübrigt sich hier eine Basisgestaltung.
Bärengras, Ginster und Ranken von Zimmerjasmin nehmen die Dreiecksform auf und setzen diese in passiver Formgebung nach außen lösend fort.

Triangular dimensions

The triangular shaped vase holding a loose arrangement unifies the three dimensions with its basic geometric form.
Three Calla leaves repeat the triangular form with floral materials and reinforce the basic concept.
The exact placement of strong lines makes additional base design unnecessary.
Bear grass, Ginestra and Jasmine vine pick up the triangle and visually extend the lines outward.

Zantedeschia aethiopica
Xerophyllum asphodeloides
Jasminum officinale
Bergenia cordifolia

Auflösen eines Kreises

Kreis (Glas) und Kugel (Kerze), asymmetrisch zueinander geordnet, setzen eine klare geometrische Grundidee. Das getrocknete Blatt der Strelitzie nimmt beide Formen begleitend auf und setzt in eigenwilliger Aussage sich aktiv und passiv über den Gefäßrand fort.
Farbe und Stofflichkeit übernimmt eine Bündelung aus getrocknetem Thymian, Salixfrucht, Hydrangeablüten sowie Garn und Schmuckdraht, die sich gleichfalls über dem Glasrand löst.
Sie nimmt Verbindung zu Boden und Stoff auf.
Aufgeklebte Blätter des Eucalyptus ergeben durch unterschiedliche Neigungswinkel verschiedene Formen, die Höhe, Breite und Tiefe in der Gesamtanordnung verstärken.

Dissolving a circle

The circle (glass) and sphere (candle) in asymmetrical placement to each other convey a basic geometric concept. The dried Strelitzia leaf repeats the shape, yet makes a strong, unique statement by extending beyond the edge of the container. Dried Thyme, Salix fruit, Hydrangea blossoms, yarn and decorative wire bundled together, provide the color and texture, also opening the circle beyond the container rim, making a transition to the fabric and floor.
Eucalyptus leaves are glued at various angles, resulting in different shapes to reinforce the height and width of the overall design.

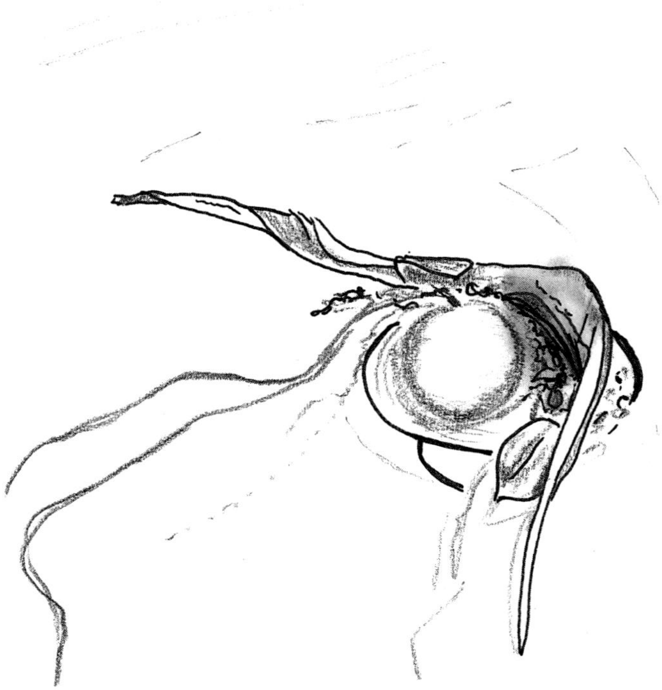

Strelitzia reginae getrocknet
Eucalyptus polyanthemos getrocknet
Hydrangea macrophylla getrocknet
Salix caprea getrocknet

Paralleles im Horizontalen

Parallel gelegte Stiele von Polygonum bilden in einer viereckigen Schale ein strenges Rechteck. Stiele von Beaucarnea und Cattleya begleiten den Grundgedanken und bewegen sich, ihre Blattfläche gegeneinander zeigend, über den Schalenrand fort. Zwei unterschiedliche optische Gewichtigkeiten umfassen bzw. lösen, ihrer eigenwilligen Blattform entsprechend die Parallelität und stellen eine Verbindung zur Anthurienblüte her.
Form und Farbe des Aronstabes vereinen die gesamte Werkstoffauswahl zu einem Gesamten.

Parallel in horizontal

Parallel placement of Polygonum form a strong rectangle in a square container. Stems of Beaucarnea and Cattleya, facing each other, follow the basic concept and then move beyond the container edge.
Two different visual weights with their unique shapes, open up the parallel and provide the transition to the Anthurium blossom. Shape and color of the Aracia unite all the materials.

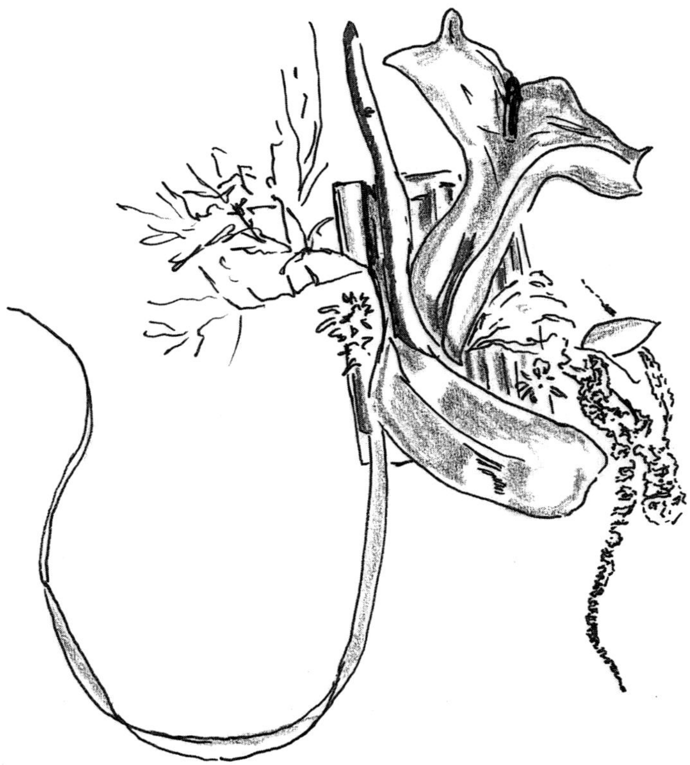

Beaucarnea recurvata
Cattleya X (Blattform)
Polygonum viviparum
Amaranthus caudatus

Frühlingshaftes aus dem Alltag

Ein dekorativ rundgebundener Strauß aus dem Geschäftsalltag, unregelmäßig gruppiert, da Unterschiede großer und kleiner Anordnungen Spannung erzeugen.
Blattgruppen ordnen sich dem Gesamteindruck unter. Sie bringen durch klare Oberfläche und Umriß Ruhe bzw. Gliederung.
Schmuckdraht umspannt den Strauß kaum sichtbar und hält gleichzeitig Blätter fest, die wie transparente Netze den Strauß verschleiern, in seiner Klarheit bewußt stören.

Spring feeling for every day

A decorative round hand tied, asymmetrically grouped. Groupings of varying amounts of materials create tension.
The foliage groupings follow the same principle. Their smooth textures and shapes provide areas of calmness and separation.
Barely visible decorative wire covers the bouquet and at the same time holds the leaves that veil the bouquet like transparent nets, purposely interfering with its clear lines.

Guzmania lingulata
Populus-Canadensis-Hybriden (Sklett)
Eucalyptus gunnii
Eucalyptus nicholii
Galaxia ovata

Frisch und Trocken in eigenwilliger Farbigkeit

Die Auswahl frischen botanischen Beiwerkes reduziert sich im Winter oft erheblich, so daß man unter anderem auf die Möglichkeit von Getrocknetem zurückgreift. Diverse Blattformen schließen die äußere Form des Straußes unregelmäßig.
Feine Limonium, Bärengras sowie eine Pfauenfeder öffnen den Umriß und setzen asymmetrische Akzente in einer dekorativen Gesamtheit.
Grünspitzen springen ins Innere des Straußes und verbinden zusammen mit getüllten Trockenblättern die Werkstoffauswahl farblich und formal miteinander.

Fresh and dried in a unique color combination

In the wintertime, the choice of fresh botanical accessory materials is often reduced, making drieds a good substitute. Various leaf shapes provide an irregular completion of the outer edge of the bouquet.
Delicate Limonium and Beargrass as well as a peacock feather open up the outline and provide asymmetrical accents for an otherwise decorative style. Tips of greenery and dried skeletonized leaves unify all materials in color and shape.

Skimmia japonica
Fatsia japonica
Buxus sempervirens
Mahonia aquifolium
Populus-Canadensis-Hybriden (Sklett)
Pfauenfeder
Limonium latifolium

Geschenk mit Blumen
(BuGa 1987 Düsseldorf)

Über dem trichterförmigen Zentrum eines Lotusblattes schwebt als Geschenkidee ein halbrundes Stück von Wismut (rötlichweißes, glänzendes Schwermetall). Sichelförmig umfaßt das dominante Blatt eine bewußt angehäufte kissenförmige Basis, zusammengeordnet aus Blatt- und Blütenformen verschiedener Exoten und Sukkulenten.
Spannung entsteht durch das Zusammenfassen kleinerer Blätter zu einer größeren neuen Form, gegensätzlich dem großflächigen Lotusblatt.
Die vergrößerte füllige Basis betont den Grundgedanken der Idee und läßt stark passiv und aktiv betonte Einzelformen und Linien, den Raum erfassend, zu.

Gift with flowers
(BuGa 1987 Duesseldorf)

The gift, a half round piece of wismut (reddish white, shiny and heavy metal) is suspended above the funnel-like center of a Lotus leaf. The crescent shape of this dominant leaf is surrounding a pillow base, designed with foliages and blossoms of various exotics and succulents.
Tension is created with a combination of small leaves into a larger new shape opposite the large surface of the Lotus leaf. The enlarged, full base emphasizes the basic idea and creates space for individual active and passive forms and lines.

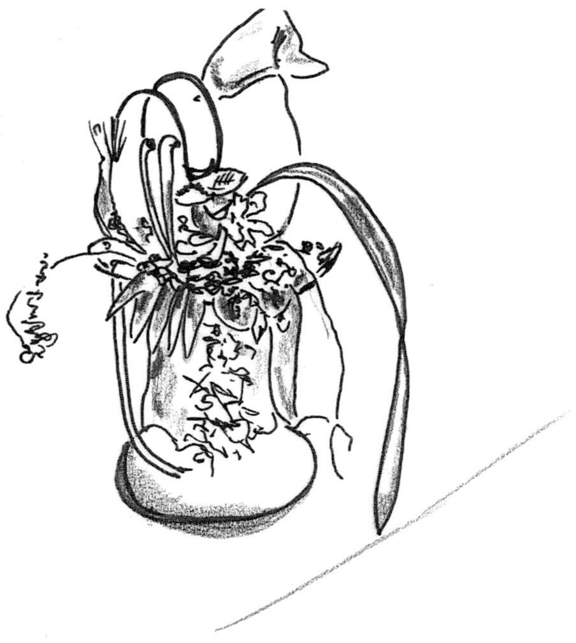

Nelumbo nucifera (Lotus)
Leucadendron argenteum (Silberbaum)
Kalanchoe beharensis (braun)
Chamaedorea seifritzii
Kalanchoe pumila
Cymbidium-Hybriden
Virburnum tinus

Trauergesteck

Drei unterschiedliche Blätter bzw. Blattgruppen bestimmen die asymmetrische Dreiecksform dieses Trauergesteckes.
Aus einer streng gruppierten Basis entfalten sich zwei Syngoniumblätter zu einer massiven klaren Fläche. Sie setzen den Gegenpol zur gestielten, aktiv nach vorne ziehenden Blattform der Strelitzie und bringen einem weit ausholenden Araucarientrieb die notwendige Basisanbindung.
Kentia-Spreiten, Orchideenluftwurzeln und Bänderweide entfalten ihre filigrane bzw. lineare Form aus den entstandenen Zwischenräumen und setzen formale und linienbetonte Akzente in drei Dimensionen fort. Gruppieren heißt zusammenfassen zur Ordnung.

Sympathy design

Three different leaves – in groupings determine the asymmetrical triangle of this sympathy design. Two Syngonium leaves are emerging from a tightly grouped base, into a massive plain surface. They provide the contrast to the visually active forward moving leaf of the Strelitzia and the base connection for the outward reaching Araucaria vine.
Kentia leaf, Orchid air roots, and fasciated Willow display their filigree and linear forms in the spaces between, and repeat form and line accents in three directions. Grouping means consolidating to establish order.

Strelitzia reginae
Syngonium podophyllum
Howeia forsteriana (Einzeltriebe)
Araucaria heterophylla
Orchideen-luftwurzel
Galaxia ovata

Weniger ist mehr

Die Natur faßt gleichfalls Einzelformen zu einem neuen Ganzen zusammen.
So entsteht hier ein interessantes Gegenspiel zwischen natürlich aneinander gereihten Blättern (Hedera, Hoya), zu klaren flächigen Blattformen (Phormium, Oreopanax). Gegensätzliches hält sich die Balance, gestielt und linear, flächig und gebrochen, filigran und massiv ergänzen sich zu einer spannungsreichen Anordnung, in der jeder einzelne Werkstoff seinen Platz erhält.

Less is more

Just as nature combines individual shapes into a new composition, a unique play of shapes between the natural row of leaves (Hedera, Hoya) and the smooth wide surfaced forms (Phormium, Oreopanax) is developing here. Contrasts are balancing each other. Opposites: leaf and line, smooth and broken, filigree and mass, complement each other in this dramatic placement in which each material receives its own space.

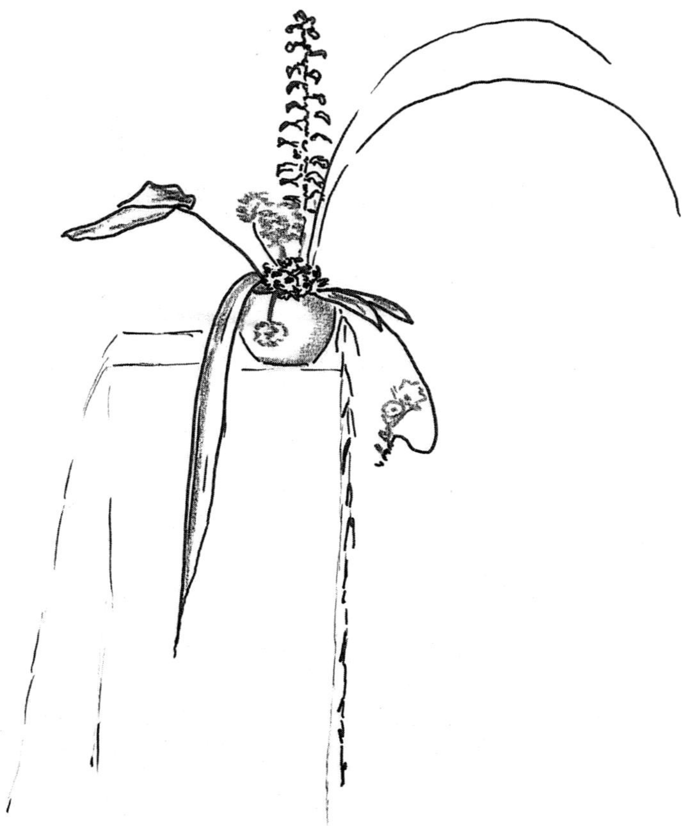

Oreopanax andreanus
Phormium tenax
Camellia japonica
Hedera helix 'Erecta'
Hoya linearis

... nicht nur zum Einkaufen

So wie sich der Korb aus Einzelteilen des Flechtwerks zu einem neuen Ganzen zusammenfügt, die Einzelblätter der Aeonium zusammen eine abgeschlossene Rosette ergeben, bilden mehrere aneinander geordnete Blüten von Convallaria eine dominante, ruhebringende Fläche. Die einseitig versetzte Basis läßt den Korb zu 2/3 in Umriß und Tiefe wirken. Freigestellte Blattpaare von Convallaria setzen einen aktiven Schwerpunkt und ermöglichen zusammen mit der Korbfläche weit auslaufende indirekte Linien und Formfortführung.
Transparente cremefarbene Skeleton (Sklett) bringen stofflich und farblich Verbindung zum Korb.

... not just for shopping

Just as the baskets individually woven pieces are joined together to make a new unit, the single Aeonium leaves together become a closed rosette, while several Convallaria blossoms placed in a row create a dominant, calming surface. The off-center placement of the base allows two thirds of the baskets shape and depth to become visible. The pair of free standing Convallaria leaves create an active focal point, and together with the size of the basket make long indirect runners and repetition of forms possible. Transparent, cream colored skeletonized leaves create unity of color and texture with the basket.

Convallaria majalis
Aeonium tabuliforme
Nephrolepis exaltata
Populus-Canadensis-Hybriden (Sklett)
Fallopia aubertii
Asparagus myriocladus

„Floral art of style"
(Ausschnitt Themengestaltung
BuGa 1987 Düsseldorf)

Aus der geometrischen Grundform des Dreieckes, das in verschiedenen Winkeln zueinander spannungsreiche schwarze Hohlräume öffnet, quirlt eine dekorative, weich fließende, florale Anordnung stark passiv ab. Gegensätze von weichem, diffusem Werkstoff und flächigen harten Formen steigern gegenseitig den Ausdruck und die Formgebung.

"Floral art of style"
(Part of a theme design BuGa 1987
Duesseldorf)

A decorative, soft flowing floral design with predominantly passive lines is swirling out of the basic geometric triangle which opens into tension filled black hollows in different angles. Contrasts of soft, diffused materials and smooth broad surfaces increase the expression and design.

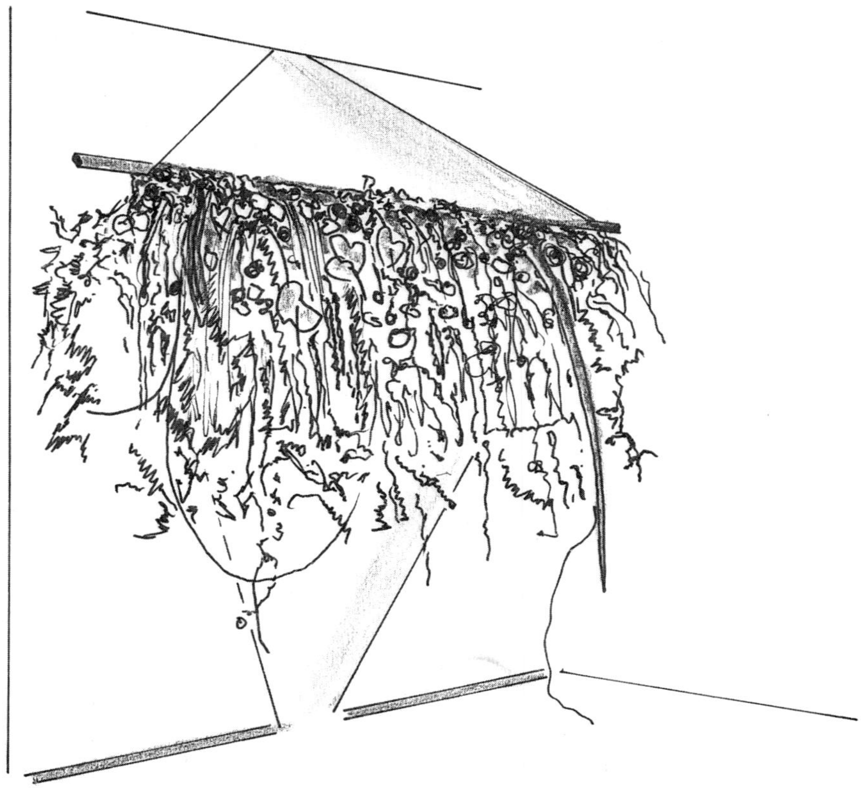

Pandanus veitchii
Cymbidium-Hybriden
Asparagus setaceus
Aspidistra elatior
Fallopia aubertii
Acer negundo
Xerophyllum asphodeloides

Glänzend auf matt

Die äußere und innere Form der Schale nimmt ein Aspidistrablatt in seiner Stellung auf. Großflächigkeit und klare Form geben dem Gefäß eine hervortretende Wirkung und erlauben dem gestielten Blatt von Oreopanax aus einer blumig-farbigen Basis heraus den größtmöglichen Geltungsanspruch. Zwei Eucalyptusblätter überlappen aus der versetzten Basis heraus den Rand und bilden eine Verbindung nach außen. Farbigkeit im Efeublatt nimmt die Glasur der Schale akzentmäßig auf und umfaßt zusammen mit anderen herauslaufenden Formen und Linien kreisrund die Schale zu einer abgeschlossenen Anordnung.

Shiny on matte

The outer and inner form of the bowl dictates the placement of the Aspidistra leaf. Clear form and size give the container a distinct effect and allow the stemmed Oreopanax leaf coming out of the colorful flowery base, the greatest possible effect. Two Eucalyptus leaves extend beyond the rim of the container and create a transition to its environment. The color of the Ivy repeats the color of the glaze on the bowl and together with the other circular extending forms and lines embrace the entire design.

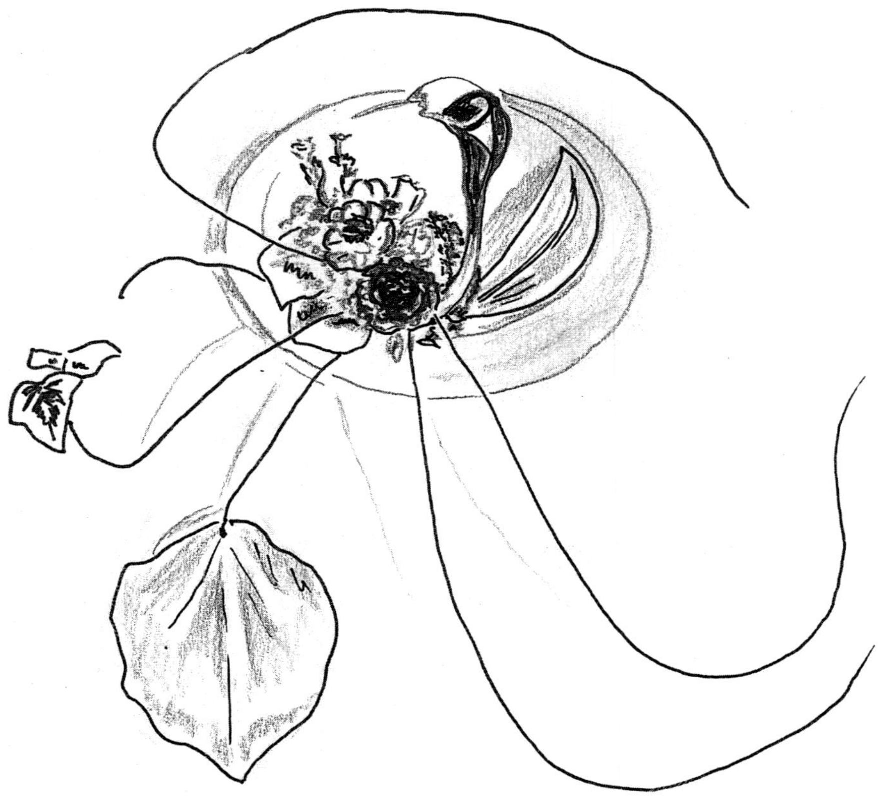

Hedera helix 'Gloire de Marengo'
Aspidistra elatior
Eucalyptus gunnii
Oreopanax andreanus
Asparagus myriocladus

Trauerkranz mit dominantem, formbetontem Schmuck

Schuppenartig aufgewickelte Blätter von Salal fügen sich zu einem klaren, ruhigen Kranzkörper. Die geometrische Form, fortlaufend ohne Anfang und Ende, läßt einen dominanten, formbetonten Schmuck zu. Zwei Blätter der Schnittanthurie bilden einen Anziehungspunkt. Gegenpolig zur Kreisform stellen sie ihre Form frei und natürlich dar. Die dem Platycerium eigene Bogenform begleitet den Kranzkörper ein Stück in seiner äußeren Form und führt zu einer blumigen, angehäuften Basis, in der er sich flächig fortsetzt. Entgegen dem praxisorientierten Trauerkranz hängen die Schleifen frei vom Kranzkörper weg. Sie bilden zusammen mit einem Pharmiumblatt den direkten Abfluß. Freistehende Formen erfassen die Freiräume in Asymmetrie. Sie unterstützen die Klarheit der Anordnung.

Sympathy wreath with dominant forms

A scale-like covering of Salal leaves, gives the wreath a smooth, quiet feeling. The geometric form, continuing without a beginning or an end permits a dominant and distinctive decoration. The two Anthurium leaves provide a focal point. In contrast to the strict circular form of the wreath, the leaves appear free and natural. The naturally curved Platicerium follows the shape of the wreath and visually leads into a mounded base of flowers. In contrast to the set pattern of the wreath, the ribbons are hanging free. Together with the Pharmium leaf they create a direct flow. Asymmetrical placement is given to other extending materials which reinforces the distinction of the design.

Gaultheria shallon (Salal)
Anthurium andreanum
Pharmium tenax
Platycerium grande
Salix caprea pendula

Florales auf Stahl

Eine runde Stahlplatte, als Gegenpol zu pflanzlichem Werkstoff, formiert sich mit der Blattform einer Anthurie zu einer asymmetrischen Flächengliederung. Direkt und indirekt austretende Linien begleiten die Kreisform und bilden einen starken Abfluß. Zwei Aeoniumrosetten formen eine verschobene Basis, die sich durch Asparagusspitzen und Grasformen zu lösen beginnt.

Floral design on steel

A round steel plate provides contrast to the plant materials. With the help of the Anthurium leaf, the space is divided asymmetrically. Direct and indirect extending lines escort the circular shape and create a strong flow of lines. Two Aeonium rosettes form an off-center base, softened by Asparagus tips and grasses.

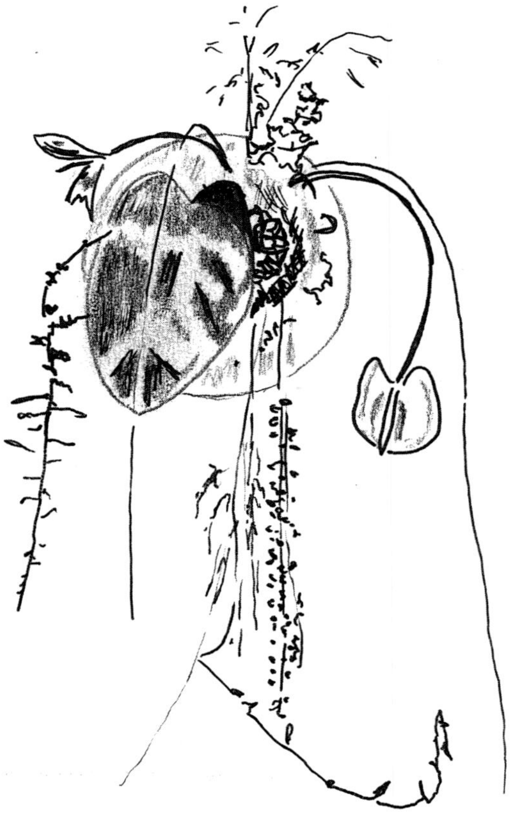

Anthurium andreanum
Asparagus vulgare
Columnea microphylla
Stachys byzantina
Fallopia aubertii

Gegensätzliches

Eine blumige dekorative Arbeit erhält durch großblütige und großblättrige Formen Schwerpunkte, die sich jedoch in ihrer asymmetrisch ausgewogenen Stellung zueinander in den Gesamteindruck integrieren. Die Verdichtung zur Basis erzeugt Fülle und optischen Zusammenhalt und erlaubt auch in einer dekorativen Anordnung ein verhaltenes Spiel mit Formen und Linien. Gegensätze bringen Spannung, soweit sie in Harmonie die Gesamtaussage unterstreichen.

Contrasts

Large blossoms and foliages are creating focal points in this flowery decorative design. The well balanced asymmetrical placement creates harmony. The concentration of materials in the base creates fullness and visual stability, yet allowing a restrained play of forms and lines in a decorative arrangement. Contrasts bring tension as long as they accent the design harmoniously.

Moluccella laevis
Adiantum raddianum
Aspidistra elatior
Anthriscus cerefolium
Asparagus setaceus 'Plumosus'

Trockenkranz formal

Schuppenförmig fügen sich Blätter des Eucalyptus zu einem kreisrunden Körper zusammen. Die geometrische Form, ohne Anfang und Ende, läßt einen dominanten, formbetonten Schmuck zu. Abfließende Linien erfassen den Raum und greifen in ihren Enden die äußere und innere Rundung der Kranzunterlage auf. Eine gruppierte Basis mit getüllten Blattformen und -flächen bildet in ihrer Farbigkeit optischen und gestalterischen Ausgangspunkt. Sich weg vom Kranzkörper orientierende Formen und Linien geben Raum für große, formbetonte Eigenwirkung.

Wreath design with dried materials

The scale-like placement of the Eucalyptus leaves forms a circle. This geometric form, continuing without a beginning or an end, permits a dominant, distinctive decoration. Flowing lines extend into space with their tips repeating the shape of the wreath. The colors and surface textures of the skeletonized leaves provide the visual and actual starting point of the design. Extending forms and lines stress the individual uniqueness of the materials.

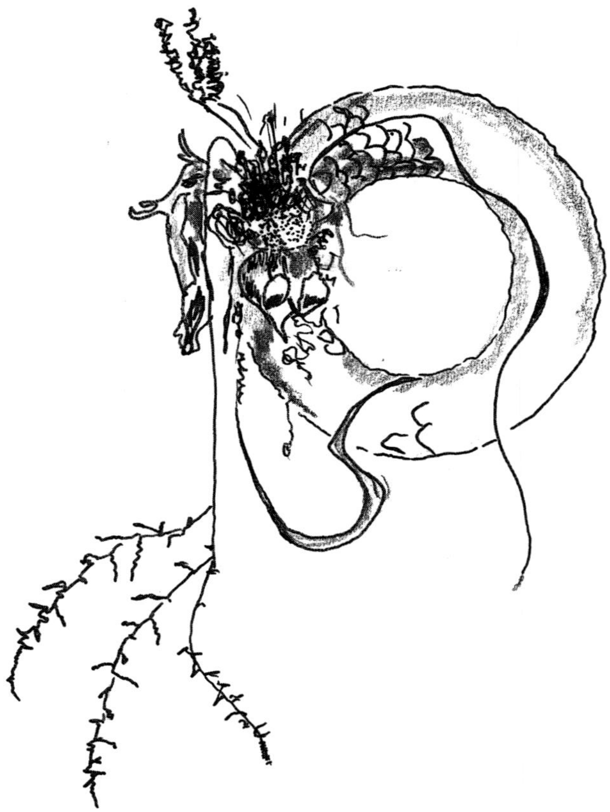

Strelitzia reginae (getrocknet)
Eucalyptus polyanthemos (getrocknet)
Beaucarnea recurvata (getrocknet)
Populus-Canadensis-Hybriden (Sklett)
Yucca filamentosa (Blattspreite getrocknet)

Verschlungen

Dekorativ asymmetrisch, in der Aussage füllig, zueinander orientiert, stellt sich dieser eigenwillige Strauß dar. Die Spannung entsteht durch fest sich umspannende Blattformen entgegen transparenten flächezeigenden Konturen. Schmuckdraht und Limonium latifolium greifen die Straußidee auf und lösen durch filigrane Eigenform die Abgeschlossenheit. Oberfläche und Farbe in ihrer Ordnung unterstreichen die Tiefe und Transparenz im Strauß.

Entwined

This is a very unique and decorative asymmetrical hand-tied bouquet with an abundance of materials complimenting each other. Tension is created through tightly entwined leaves in contrast to transparent leaf surfaces and contours. The filigree form of the decorative wire and Limonium latifolium provide airiness for the compact bouquet. The placement of textures and colors emphasizes the depth and transparent feeling of the composition.

Protea neriifolia
Strelitzia reginae
Cocos nucifera (getrocknet)
Coccoloba uvifera (getrocknet gefärbt)
Populus-Canadensis-Hybriden
Agave americana (Blattspreite)

... aus einer Laune heraus

Sommerliches in einer losen Ordnung erhält durch zwei Dieffenbachiablätter farblich und formale Spannung. Ein optisch schweres, handgetöpfertes Gefäß macht diese Anordnung möglich.

... out of a mood

Two Dieffenbachia leaves create tension with their color and form in this airy summer arrangement. The visual weight of the hand-made pottery container makes this design possible.

Dieffenbachia maculata 'Amoena'
Bergenia cordifolia
Alchemilla mollis
Nephrolepis exaltata

Edles für den Tisch

Wenige Blüten- und Blattformen übernehmen die Aufgabe des Schmückens, Untermalens einer Tischsituation. Freistehende Blattformen neben linearen Blütenformen ergänzen sich zu einer dekorativen Arbeit. Die überzogene asymmetrische Anordnung bringt Spannung, erhält durch Großflächiges neben Linearem und Weichem erst seinen Reiz. Ausgangspunkt jedoch ist immer ein Loslösen aus einer verdichteten Basis. Dekoratives in ausgewogener Unregelmäßigkeit ist reizvoller.

Elegance for the table

Only a few blossoms and foliages assume the task of decorating and enhancing the table. Free standing foliages and linear flower forms compliment each other in this decorative design. The asymmetrical placement creates tension and the contrasts between large surfaces, linear forms and delicate materials make a charming combination. The starting point is always a loosening of a tight base. Well balanced irregularity is more unique.

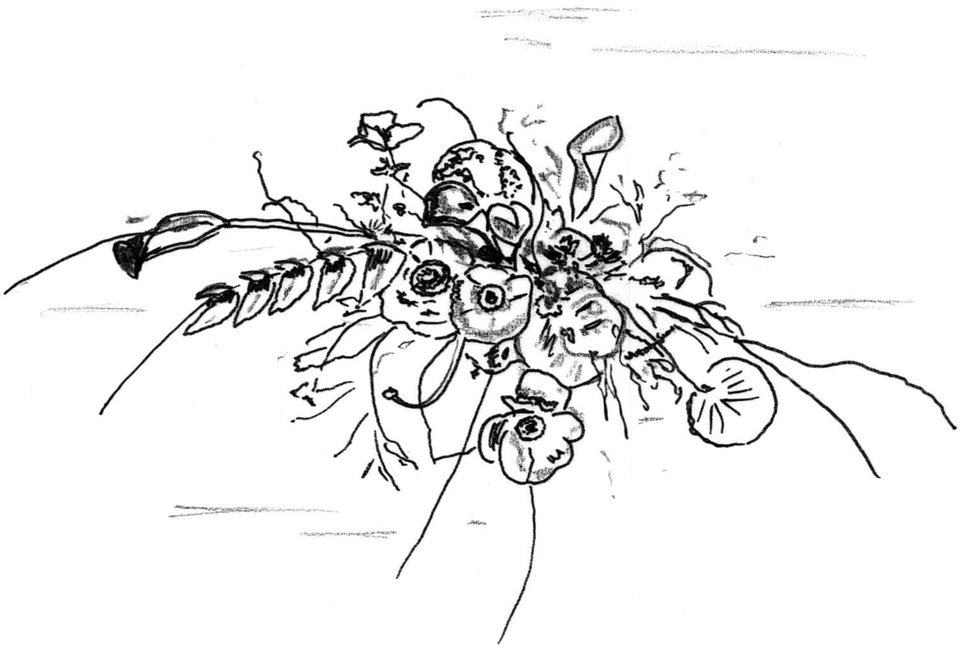

Mahonia bealei
Galaxia ovata
Eucalyptus cinerea
Orchideenluftwurzeln

Handgeformt

Sich drehende Blattschichtungen aus Eucalyptusblättern greifen die Idee einer handgetöpferten Schale auf und erfassen das Gefäß in seiner Formgebung. Den asymmetrisch versetzten Schwerpunkt bildet eine Konzentration aus Blüten der Knopfmatricaria und Hydrangea sowie einer goldumsponnenen Bündelung. Hierdurch wird farblich die Glasur des Gefäßes aufgenommen. Eine Spathiphyllumblüte löst sich freistehend aus der Basis und bringt Bärengras-Xerophyllum, Tracheliumblüte und Eustoma zur Ausgewogenheit in ihrer asymmetrischen Stellung zueinander.

Shaped by hand

Circling layers of Eucalyptus leaves repeat the shape of the hand thrown pottery bowl. The asymmetrical focal point consists of Button Matricaria and Hydrangea as well as a bundle covered with gold wire, repeating the color of the glaze of the container. One single Spathiphyllum emerges tall out of the base, forming the transition to the Beargrass, Xerophyllum, Trachelium and Eustoma in their asymmetrical placement to each other.

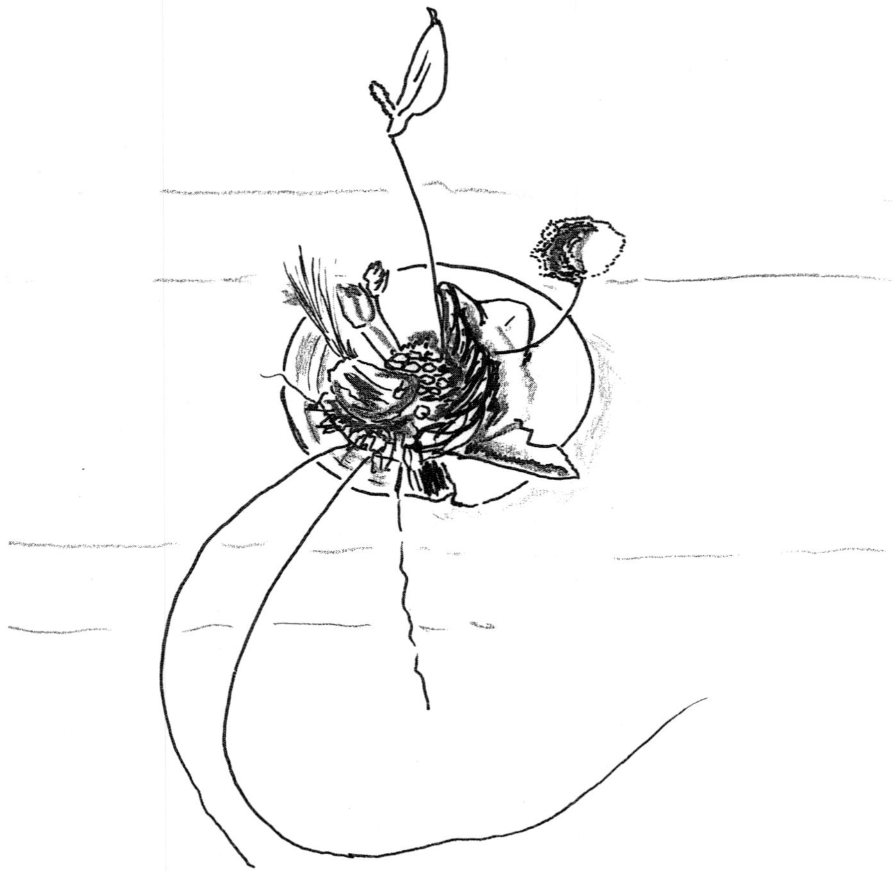

Eucalyptus polyanthenos
Euphorbia tirucalli
Asparagus setaceus 'Plumosus'
Spathiphyllum wallisii

Gestielt

Frei sich bewegende und tänzelnde Blattformen erhalten in einem gestielten Glas großen persönlichen Entfaltungsraum. Unterschiede in Größe und Stofflichkeit erzeugen Spannung, ohne jedoch beziehungslos nebeneinander zu stehen. Die Auswahl des Werkstoffes orientiert sich an der milchigen Aussage des Glases.

On a stem

Free moving and dancing leaf forms receive great visual importance in this stemmed glass. Differences in size and texture create tension, while unifying them. The selection of materials was influenced by the milky appearance of the glass.

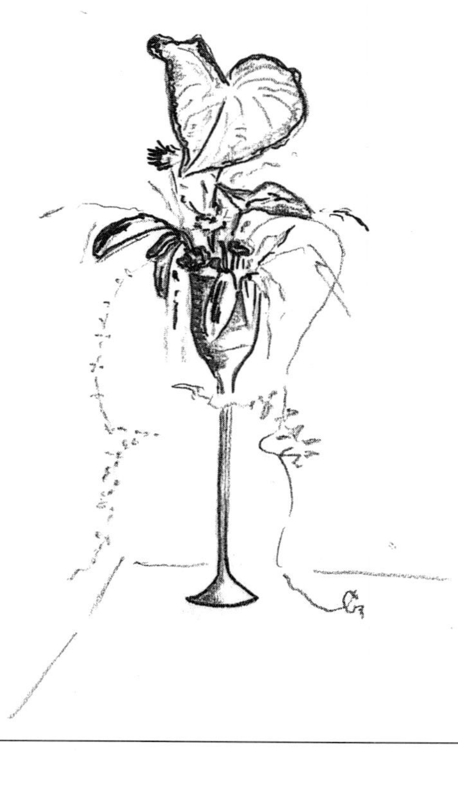

Caladium-Bicolor-Hybriden
Stachys byzantina
Columnea microphylla
Jasminum officinale
Fallopia aubertii

... im Detail

Gemeinsamkeit von Blatt und Blüte bestimmen diese Glasfüllung.
Sensibel ausgewählte Formen verbinden sich in ihrer Farbigkeit zueinander und füllen ein Gefäß in detaillierter Feinheit. Gruppierung bringt Ruhe. Schneidender Golddraht und Polygonumranken greifen farbliche Akzente auf und tragen sie über den Gefäßrand nach außen.

... with detail

Similarity of leaf and blossom determines this arrangement. Specially selected shapes compliment each other and fill the container with delicate details. Groupings create calmness. Gold wire and Polygonum vines add a color accent extending beyond the rim of the container.

Hedera helix (getrocknet)
Aeonium arboreum 'Atropurpureum' (Einzelblätter)
Hydrangea macrophylla (Einzelblüte)

... im frühen Sonnenlicht

Bewußt gewählte farbliche Harmonie ordnet sich einer strengen, nach unten verlaufenden Formierung unter. Strenge klare Blattformen bestimmen den Abfluß und setzen unregelmäßig Ruhepunkte zu einer kleinblütigen diffusen Anordnung. Dynamisch aktive Vasenform und passiv abfließende Füllung bilden ein reizvolles Gegenspiel und finden durch farbliche Gemeinsamkeit zu einem abgeschlossenen Gesamten.

... in early sunlight

The especially selected color harmony plays a subordinate role to the strong flowing lines of this design. Dominant leaf forms define the flow of line and create irregular points of rest in this arrangement of small blossoms. The dynamic shape of the vase combined with passive flowing materials provide a charming contrast. Color as the common denominator, unifies this composition.

Caladium-Bicolor-Hybriden 'Triomphe d'Exposition'
Beaucarnea recurvata
Phormium tenax
Spathiphyllum wallisii
Xerophyllum asphodeloides

Gruppiert

Gruppierung bringt Ruhe in eine vielseitige Werkstoffauswahl. Ansammlungen kleiner Blüten und Blätter formieren sich zu Flächen. Aus einer kissenhaft angehäuften Basis entwickelt sich ein blumiger Strauß, der sich durch freigestellte Blüten und Blätter ins formal-lineare entwickelt. Das Gegenspiel zwischen konstruierter Ansammlung (Gruppierung) und natürlicher Fläche bringt reizvolle Spannung. Feine lineare Gruppen von Bärengras brechen die strenge Anordnung der Gesamtheit.

Grouped

Groupings create points of rest in this versatile selection of materials. Concentrations of small blossoms and foliages form surfaces. A pillow style mounded bases turns into a flowery bouquet which through free standing flowers and foliages becomes a formal linear arrangement. The contrast between constructed concentrations (groupings) and natural surfaces brings charming tension. Delicate groupings of Beargrass create softness between the otherwise strict placements in the design.

Calathea zebrina
Cymbidium-Hybriden
Streptocarpus grandis (wendlandii)
Anthurium andreanum
Oreopanax andreanus
Populus-Canadensis-Hybriden (Sklett)

Bildhaftes im Doppelglasrahmen

Blattschuppungen erzeugen großzügige Flächengliederung. Freigestellte lineare Blätter setzen formbetonend Raumerfassung fort. Zusammengefaßte dunkle Blattgruppen führen zur optischen Schwere und geben dem Auge einen ruhenden Punkt. Durch das Übereinanderfügen fester und transparenter Werkstoffe wird Tiefe erzielt.

Picture in double glass frame

The scale-like arrangement of leaves creates large surface. Extending linear foliages continue the formallinear arrangement. Dark foliage groupings lead to visual weight and a resting point for the eye. The layering of solid and transparent materials creates depth.

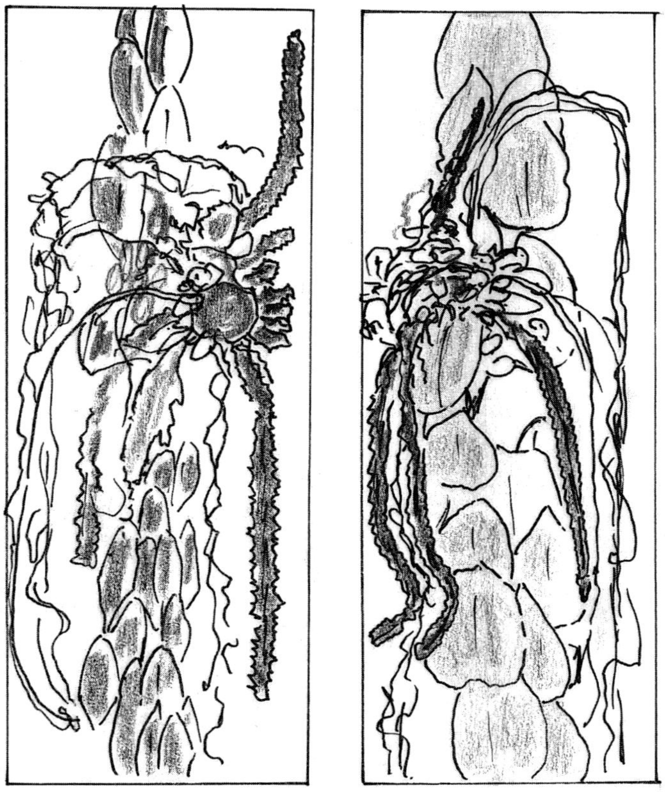

Banksia grandis
Banksia speciosa
Montia-Hybriden
Castanea sativa
Dracaena parrey
Lunaria annua
Acanthus montanus
Populus-Canaden-sis-Hybriden

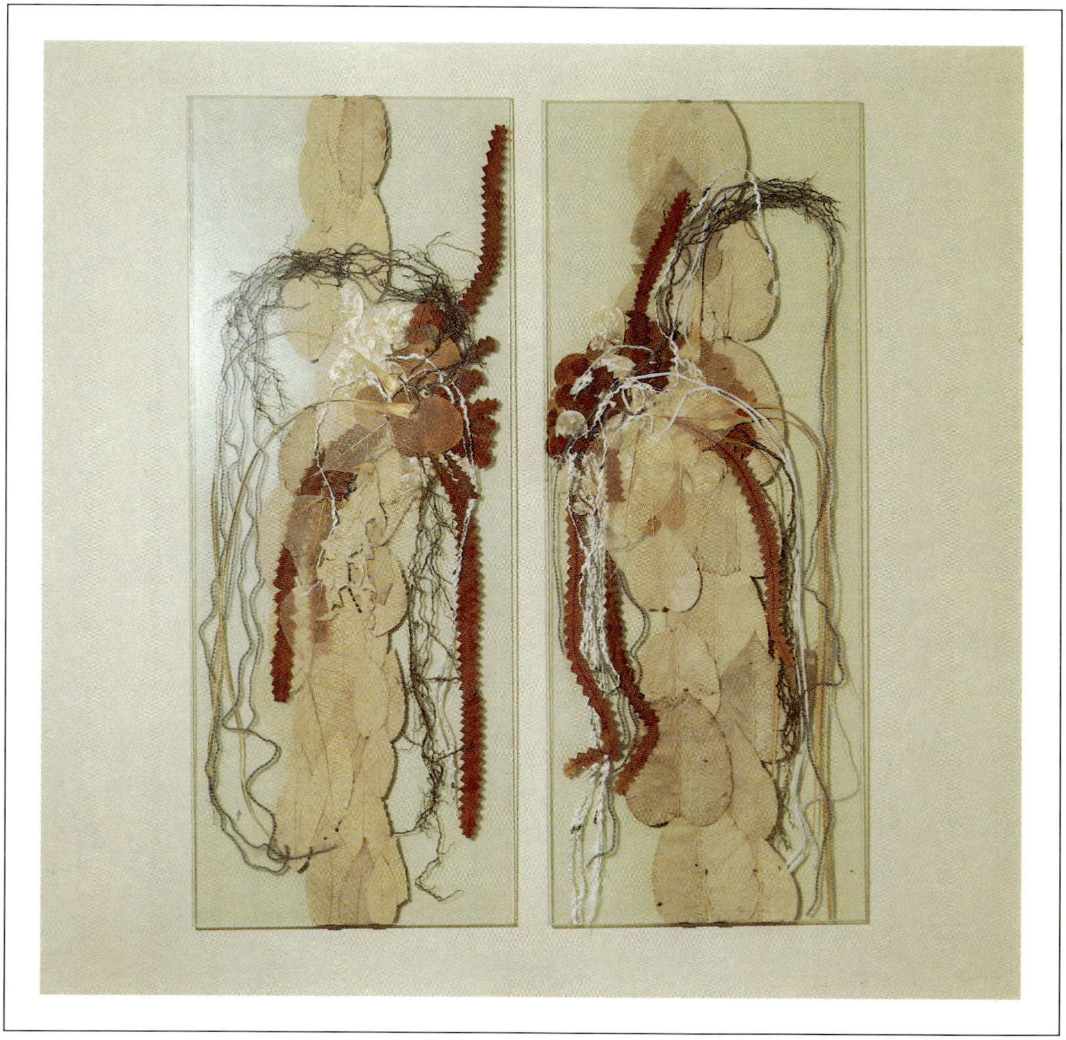

Streng und farbig

Aus einer flächig gruppierten Basis entfalten sich freistehende Blüten und Blattformen miteinander. Gestielter Werkstoff entspringt leicht und nachvollziehbar aus dem Vegetationspunkt, Flächiges hingegen betont durch starke Anbindung den gestalterischen Ausgangspunkt. Das Spiel der optischen Gewichte um eine imaginäre Gruppenachse steigert die formal-lineare Gestaltung. Farbigkeit unterstützt den eigenen Geltungsanspruch.

Strict and colorful

Flowers and foliages emerge from a large grouped base. Materials with stems create airy extensions coming from the visual growth point.
Heavy materials accent the actual point of origin. The play of visual weights around an imaginary center axis increases the formal linear style, while the color reinforces the importance of each material.

Hedera helix
Aloe arborescens
Clivia miniata
Populus-Canadensis-Hybriden
Asparagus vulgare

Jugendstil?

Pflanzliche Bewegungen in ihren natürlichen Stellungen eröffnen sich aus einer klassischen Vasenform. Prunkvoll stellen sich Blüte und Blatt in einer dynamischen Arbeit zueinander.
Ihre Persönlichkeit frei entfaltend, akzeptieren sich Blumen und Blätter in formunterliegender Rangordnung nebeneinander.

Turn of the century style?

Natural plant movements emerge from a classical vase. A splendid combination of blossom and leaf in a dynamic arrangement. The personality of each material is dramatically displayed.

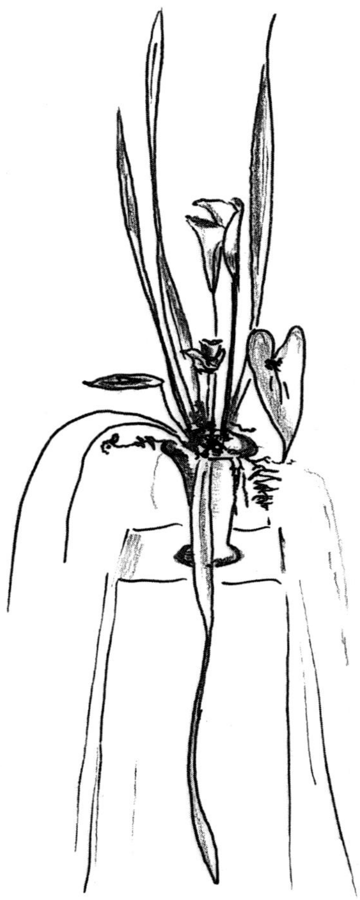

Cymbidium-Hybriden
Anthurium andreanum
Hedera helix
Phormium tenax

Eigenwillig geordnet

Weißliche Nervatur verleiht der dunkelgrünen Herzform von Anthurium crystallinum hervortretenden Stellenwert. Durch die verzogene Dreieckstellung zueinander öffnen sich Freiräume zwischen den Blättern und beziehen lineare Blatt- und Blütenformen in die Gefäßfüllung ein. Im Gegenspiel von Fläche und Linie steigert sich der Reiz und findet über farbliche Gemeinsamkeiten zueinander. Ungekünstelte Neigungen lassen die gegensätzlichen Werkstoffe miteinander korrespondieren.

Unique placement

The white venation of the dark green heart shaped Anthurium crystallinum leaf gives it distinguishing importance. The asymmetrical triangular placement allows openings between the leaves to make room for linear foliages and flowers, and the contrast between surface and line increases interest. Color harmony unifies the design, and natural movements create harmony between the different materials.

Anthurium crystallinum
Dracaena sanderiana
Eucalyptus nicholii
Araucaria heterophylla

Winterbrautstrauß

Ranke und Blattlinien bringen entsprechend ihrer natürlichen Formgebung Abfluß.
Mit zunehmender Verdichtung zur Basis vergrößern sich die Blattflächen und unterstützen die notwendige Zentrierung.
Gewollte Stieligkeit bringt Einzelgeltung und setzt Blüte und Blatt fast gleichberechtigt zueinander. Das Mengenverhältnis bestimmt die Spannung mit und verleiht dem Strauß trotz seiner herben Werkstoffauswahl einen blumigen Charakter.

Winter bridal bouquet

Vines and foliages are naturally cascading. Foliages become larger toward the compact base to reinforce the center of the bouquet. The planned use of the stemmed materials brings nearly equal importance to each leaf and flower. The proportionate relationship determines the tension in the design, and at the same time lends a flowery character, despite the austere choice of materials.

Anthurium andreanum
Anthurium scherzerianum
Adiantum tenerum
Cymbidium-Hybriden
Saxifraga stolonifera
Aeschynanthus radicans
Eucalyptus cinerea

Herausquirlend

Sommerlich blumige Weichheit steht in wohltuendem Kontrast zu keramischer Konstruktion.
Pflanzliche Form erfaßt das Gefäß und quirlt spielerisch überschäumend abwärts.
Das Blatt von Phalaenopsis amabilis bringt durch seine lackartige Oberfläche florale Verbindung zur Majoliglasur der Schale und gibt mit Dunkelheit und klarem Umriß den optischen Ansatz zum Lösen aus der geometrischen Klarheit. Weißblütige Kleinigkeiten stellen den farblichen Bezug her.

Swirling out

Summer flowery softness creates a pleasing contrast to the ceramic container. The materials are creating an airy cascade. The shiny texture of the Phalaenopsis amabilis leaf repeats the glaze of the bowl, and the dark color and smooth shape provide the visual focal point of the design. The small white flowers create the color transition to the container.

Miltonia-Hybriden
Orchidee Blatt
Phalaenopsis amabilis Blatt
Alchemilla mollis
Pelargonium zonale
Asparagus falcatus

Stimmungsvolles in champagner-bordeaux

Exakte Linienführung klärt Geltungsansprüche. Direkter begleitender Abfluß steht indirektem Freiraum Schaffendem gegenüber und verhilft einer anspruchsvollen Glasform zu verhaltender Eigenaussage. Aktive freigestellte Formen öffnen aus einer überhöht angesetzten Basis heraus den gestalterischen Ausgangspunkt, ohne jedoch bezugslos nebeneinander zu stehen. Sensible Blattneigungen können harte Konturen brechen.

Atmosphere in champagne-burgundy

Obvious cascading lines flow in opposition to the strong upright materials and give a graceful expression to this imposing glass form. The dynamic free-standing (leaf and flower) forms, related through their rise from the mounded center, let their numerous directions soften the clean, hard contours of the glass vase.

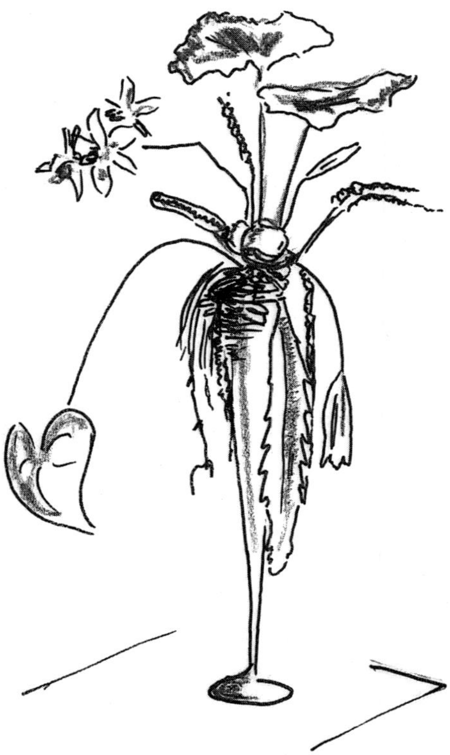

Alchemilla mollis
Rhipsalis houlletiana
Anthurium andreanum (junger Trieb)

Doppelcollagen

Pflanzliche Formen und Linien einbeziehend, stellt sich der grafische Grundgedanke zwei massiven Aluminiumrahmen gegenüber. Durchlaufende Linien verbinden optisch zwei eigenständige Anordnungen.
Farbig angelegte Konturen auf Aquarellpapier ermöglichen weiche Übergänge zu Pflanzlichem und ergeben reizvolle Gegensätze zu plastischen Werkstoffen.
2,5 cm Rahmenstärke erlauben die Verarbeitung dickerer Teile und bringen Tiefenwirkung in eine bildhafte Gestaltung.

Double collages

Two massive aluminum frames hold a graphic design using plant materials. Visually, continuing lines connect the two individual pieces. Color contours on aquarell paper provide soft transitions to the plant material and form a unique contrast to the graphic materials.
A 2.5 cm deep frame allows the use of heavy materials, creating depth in the picture.

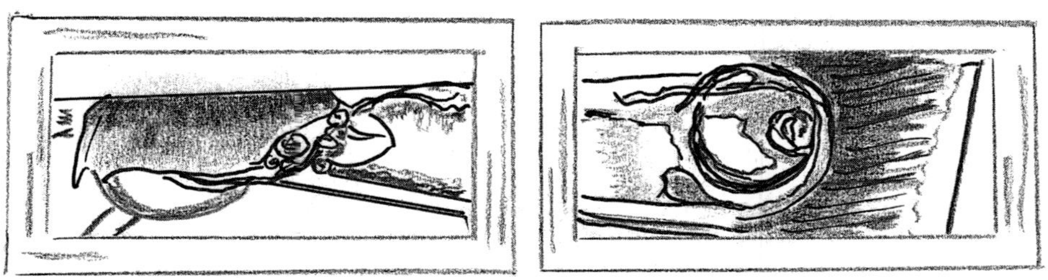

Musa x paradisiaca (Banane)
Coccoloba uvifera
Zamia furfuracea (Cycas ähnlich)
Eucalyptus maculata
Leucadendron argenteum

Viele Kleinigkeiten

Fast liebevoll verständigen sich kleinste Blüten und Blättchen. Miteinander korrespondierend finden sie zu einer Kranzform. Cremige Einfarbigkeit verwischt Einzelformen und unterstreicht den blumigen Gesamtcharakter.
Ruhe und Spannung erzeugen wenige ruhige Blattformen und Gruppierungen. Vielseitigkeit weicht Interesse.
Den Kreisgedanken führen Orchideenluftwurzeln, bewußt schneidend, fort.

Many trifling things

This shows a lovely combination of the smallest blossoms and foliages forming a wreath.In favor of a flowery appearing unit, materials lose their own identity through the monochromatic cream color. Calmness and tension both are created with a few large leaves and groupings. Orchid air roots reinforce the circle.

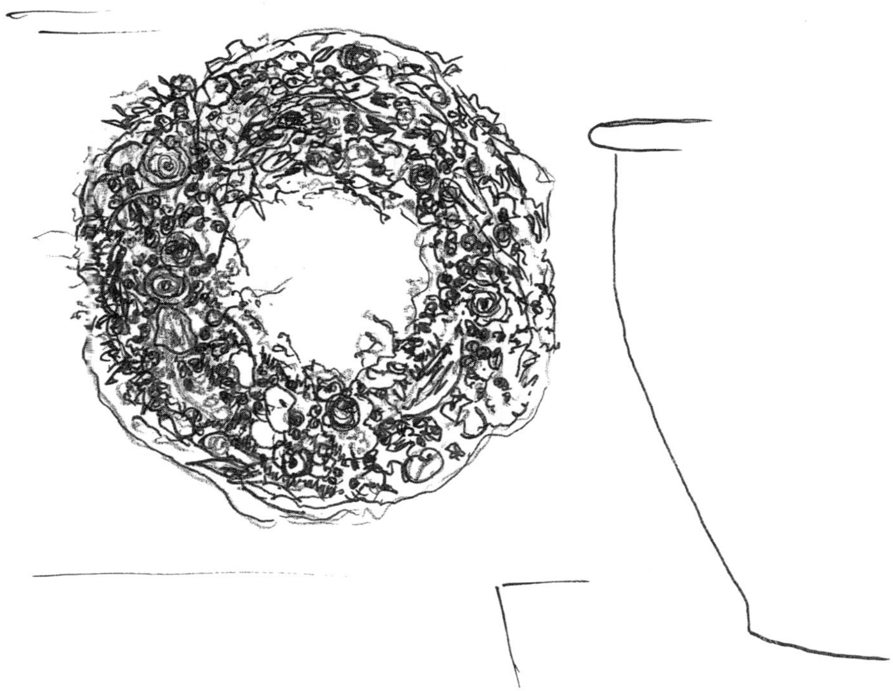

Mahonia aquifolium
Callistemon citrinus
(ähnlich Eucalyptus)
Banksia speciosa
(langblättrig)
Alchemilla mollis

Getrocknetes muß nicht trocken scheinen

Längst hat sich der Trockenstrauß als fester Bestandteil der Einrichtungsszene integriert. Limonium und Strohblumen sind „out". Farbigkeit ist angesagt.
Blattformen ergänzen einen Trockenstrauß zur Abgeschlossenheit. Sie bringen wohltuende Ruhe zu einer vielseitigen Kleinblumigkeit.
Transparenter Werkstoff löst Festigkeit im Strauß.

Drieds don't have to appear dried

The dried bouquet has become a constant in home decorating. Limonium and straw flowers are "out". Color is announced. Foliages complete the dried bouquet creating calmness, while transparent materials give it an airy feeling.

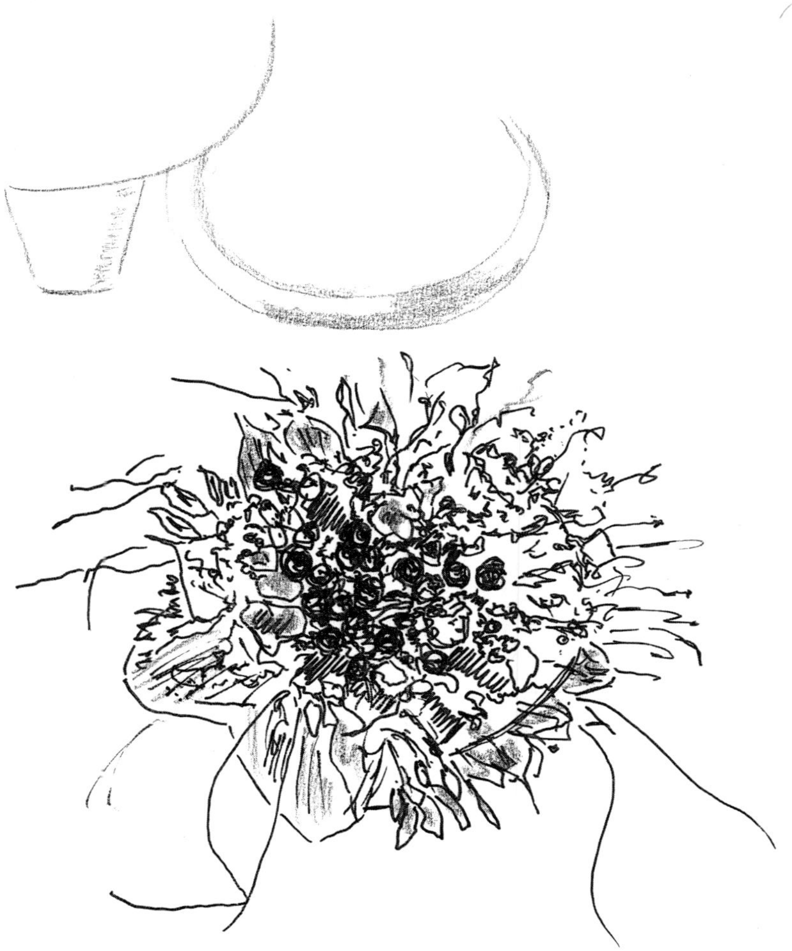

Populus-Canadensis-Hybriden (Skeleton)
Eucalyptus gunnii (getrocknet)
Xerophyllum asphodeloides (getrocknet)

Harmonie?

Festumrissen – weichdiffus
Linie – Form
Schwere – Leichtigkeit

Harmonie = Aufheben von Gegensätzen zur Ausgewogenheit

Harmony?

Tight outline – Soft form
Line – Form
Weight – Airiness

Harmony = the balance of contrasting materials to achieve unity.

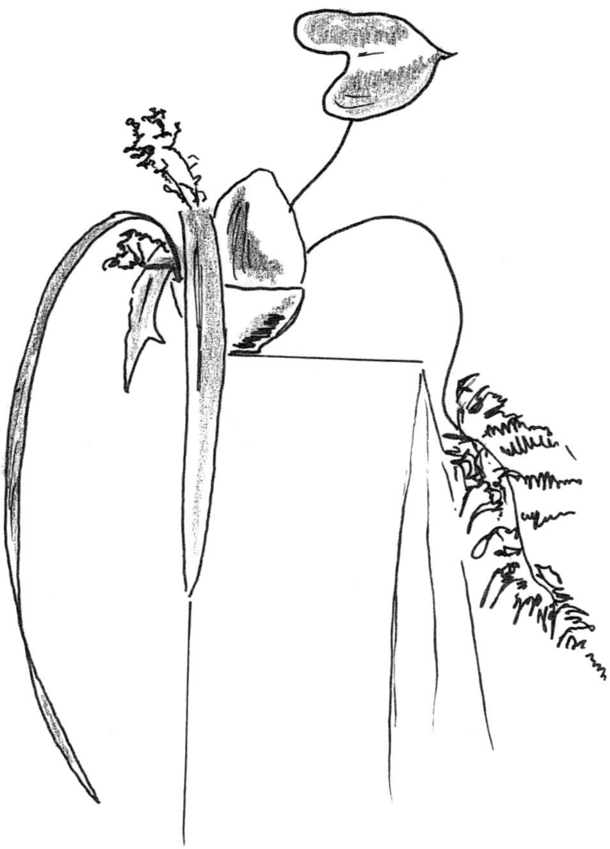

Platycerium bifurcatum
Anthurium andreanum
Asparagus setaceus 'Plumosus'
Cymbidium-Hybriden

Trend in Trocken

Freispielende Blätter stören die gewohnte Ordnung. Tänzerisch bewegen sich Blattspitzen, lösen den Strauß in seiner Kompaktheit. Eingefärbte Stielbündel kreuzen unregelmäßig die dekorative Form, ohne jedoch vom Gesamteindruck abzulenken. Grünanteilige Blattüten entnehmen Einfarbigkeit und Strenge zur spannungsreichen Anordnung.

Trend in drieds

Free moving foliages disrupt the usual order. The dancing movements of the leaf tips provide airiness in the bouquet. Colored stem bundles create irregular paths through the decorative shape without disturbing the overall look. Green foliage funnels add color and interest to the otherwise monochromatic design.

Eucalyptus globulus
Populus-Canadensis-Hybriden
Hydrangea macrophylla (Blatt)

Tischschmuck
(BuGa Düsseldorf 1987)

Harmonische Farbigkeit erlaubt ein sensibles Spiel mit gegensätzlichen Formen.
Harte Konturen im reizvollen Mengenverhältnis zu Filigranem und Weichem, finden zu einer formbetonten Einheit.
Die transparente Tischplatte bringt zusätzlich Leichtigkeit.
Aufbau und Anordnung setzen farbliche und formelle Gegebenheiten der Tischsituation in sich fort.

Table decoration
(BuGa Duesseldorf 1987)

Color harmony allows a play of contrasting shapes. Hard contours in varying amounts in contrast to decorative and soft forms complete a "form-accented" composition. The transparent tabletop adds to the airiness. The placement of the materials in the composition emphasizes the color and form of the table environment.

Alocasia sanderiana
Verbascum bombyciferum
Columnea gloriosa (rötlich)
Hedera helix (Gl.d.M.)
Senecio bicolor
Begonia venosa (grau)

A
Aeonium arboreum 'Atropurpureum'
Aeonium tabuliforme
Acer negundo
Acalypha hispida
Agave americana
Alchemilla mollis
Allium giganteum
Aloe arborescens
Alocasia sanderiana
Anthurium andreanum
Anthurium scherzerianum
Anthurium crystallinum
Amaranthus caudatus
Amaranthus caudatus viridis
Araucaria heterophylla
Asparagus falcatus
Asparagus setaceus 'Plumosus'
Asparagus myriocladus
Aspidistra elatior

B
Banksia speciosa
Banksia grandis
Beaucarnea recurvata
Bellis perennis
Bergenia cordifolia
Begonia venosa
Brodiaea coronaria
Buxus sempervirens

C
Caladium-Bicolor-Hybriden
Calathea zebrina
Calendula officinalis
Callistemon citrinus
Castanea sativa
Centaurea cyanus
Cattleya-Hybriden
Chamaedorea seifritzii
Chrysanthemum frutescens
Chrysanthemum parthenium
Celosia argentea var. cristata
Clivia miniata
Coccoloba uvifera
Cocos nucifera
Camellia japonica
Columnea gloriosa
Columnea microphylla
Convallaria majalis
Crocus nudiflorus

D
Dianthus barbatus
Dianthus caryophyllus
Dicentra spectabilis
Dieffenbachia maculata
Delphinium consolida
Dracaena 'Parrey'
Dracaena sanderiana

E
Erica mammosa
Eucalyptus cinerea
Eucalyptus gunnii
Eucalyptus globulus
Eucalyptus maculata
Eucalyptus nicholii
Eucalyptus polyanthemos
Eustoma grandiflorum

F
Fallopia aubertii
Freesia refracta

G
Galaxia ovata
Gaultheria shallon
Genista hispanica
Guzmania lingulata var. minor

H
Hedera helix
Hedera helix 'Gloire de Marengo'
Hedera helix 'Erecta'
Hoya linearis
Howeia forsteriana
Hydrangea macrophylla

J
Jasminum officinale